7 et 8 Mars 19

SOUVENIRS DE LA FÊTE

DE

SAINTE PERPÉTUE

ET DE

SAINTE FÉLICITÉ

AU LIEU DE LEUR MARTYRE

PAR LE

R. P. DELATTRE

DES PÈRES BLANCS

Archiprêtre de Saint-Louis-de-Carthage

LYON

IMPRIMERIE J. PONCET

Rue François-Dauphin, 18

1908

SOUVENIRS DE LA FÊTE

DE

SAINTE PERPÉTUE

ET DE

SAINTE FÉLICITÉ

ANNIVERSAIRE DE LEUR MARTYRE

PAR LE

R. P. DELATTRE

DES PÈRES BLANCS
Archiprêtre de Saint-Louis-de-Carthage

LYON
IMPRIMERIE J. PONCET
Rue François-Dauphin, 13

1908

SOUVENIRS DE LA FÊTE

DE

SAINTE PERPÉTUE ET DE SAINTE FÉLICITÉ

AU LIEU DE LEUR MARTYRE

A Carthage, chaque année, durant les jours qui précèdent la fête de sainte Perpétue et de sainte Félicité, l'équipe d'ouvriers du musée Lavigerie change de chantier pour être employée à faire la toilette de l'Amphithéâtre. C'est là que, le 7 mars de l'an 203, Perpétue et Félicité versèrent généreuse-

GRAND CAMÉE EN AGATE TROUVÉ DANS LES FOUILLES.
TÊTE D'EMPEREUR ROMAIN.
Dessin du marquis d'ANSELME DE PUISAYE.

ment leur sang pour Jésus-Christ, au milieu des fêtes par lesquelles on célébrait l'anniversaire de la naissance du jeune César Géta. Moins de dix années plus tard, ce prince

mourait assassiné par son frère Caracalla (1) entre les bras
de sa mère, l'impératrice *Julia Domna*. Lors de cette fin tra-
gique, Géta n'avait que 23 ans.

De nouvelles fouilles sont venues, cette année, ajouter leur résultat à celui des travaux effectués les années pré-
cédentes dans l'Amphithéâtre de Carthage. Elles ont permis
de déblayer une partie considérable d'une longue galerie la-
térale, de dégager, sous le petit axe de l'arène, l'extrémité
d'un souterrain et d'explorer une route qui devait porter
une des principales loges, peut-être même la principale, celle
du Proconsul, devant laquelle nos glorieux martyrs, s'adres-
sant à Hilarien qui les avait condamnés, lui jetèrent avec

EX-VOTO D'UN *venator* TROUVÉ DANS LES FOUILLES
DE L'AMPHITHÉÂTRE

une courageuse liberté cette fière et légitime apostrophe :
« *Tu nous as jugés, mais Dieu te jugera à son tour.* » Ce qui
valut aux martyrs d'être soumis au sanglant supplice des
fouets dans les rangs des veneurs.

---

(1) Géta et son frère Caracalla, l'un et l'autre fils de Septime-Sévère,
furent associés à l'empire par leur père en 198. Caracalla, après s'être
débarrassé de Géta par un crime affreux, fit effacer son nom de tous les
monuments publics. C'est ce qui explique le troisième G effacé dans le
fragment de dédicace exhumé des ruines de l'Amphithéâtre et que nous
donnons ici : PRO SALVTE TRIUM AVGVSTORUM

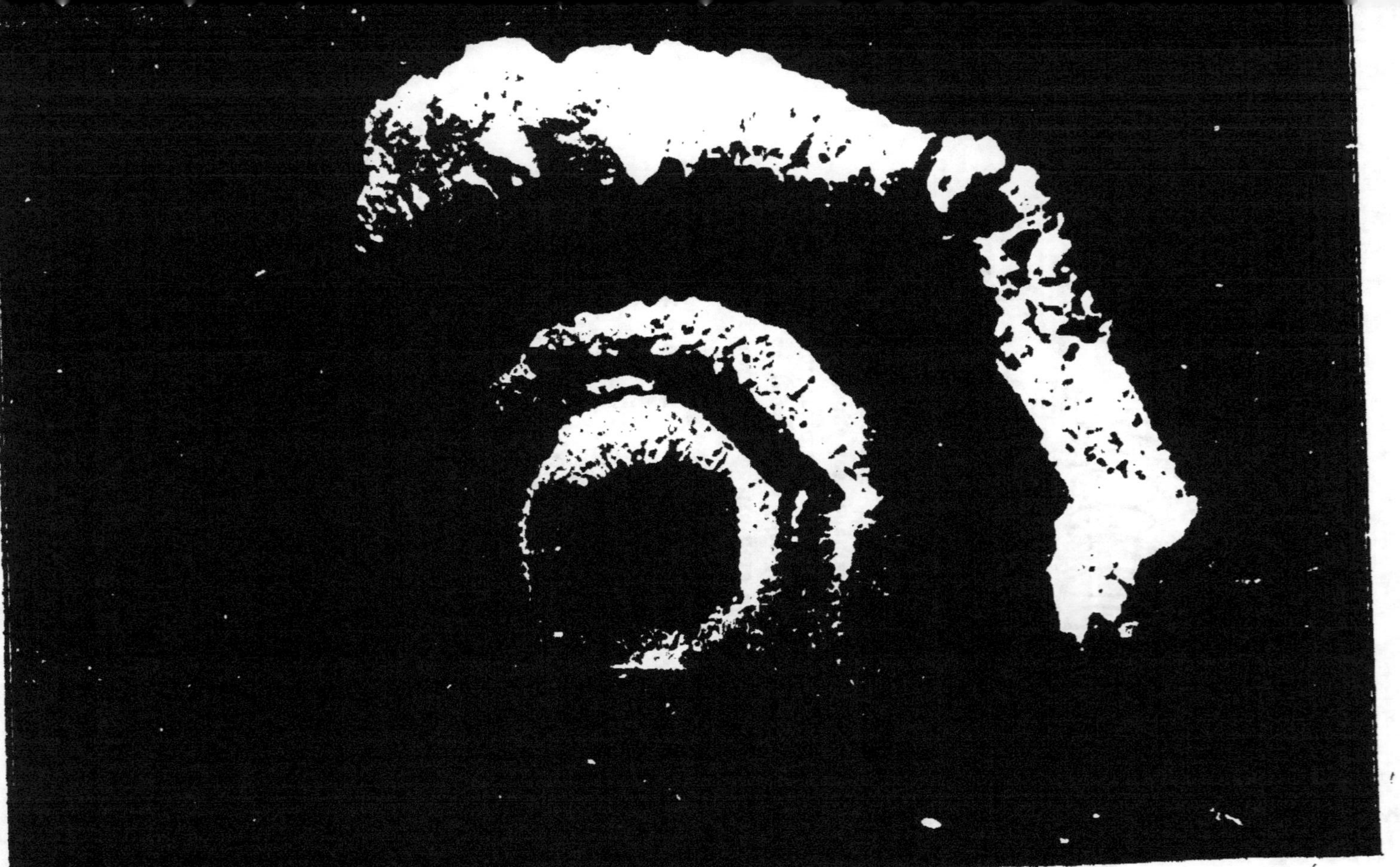

AMPHITHÉÂTRE DE CARTHAGE. — COULOIR SOUS L'ARÈNE ; reproduction d'une photographie de M. Henry BOURBON

*Et sub conspectu Hilariani perremerunt, gestu et nutu
coeperunt Hilariano dicere : « Tu nos, inquiunt, te autem
Deus judicabit. » Ad hoc populus, exasperatus, flagellis eos
vexari pro ordine venatorum postularit.*

Parmi les objets exhumés, figurent plusieurs monnaies et
des lampes ornées soit de la croix, soit du monogramme du
Christ. Je donnerai dans ces notes les dessins de quelques
pièces plus intéressantes trouvées antérieurement.

Pour la fête du 7 mars et pour celle qui devait avoir lieu
le dimanche suivant, c'est-à-dire le lendemain, l'*ergastulum*
de l'Amphithéâtre, transformé depuis 1895 en chapelle souterraine, fut orné de tentures rouges et décoré de nombreuses palmes. Les jeunes missionnaires s'étaient acquittés de ce
travail avec entrain et piété. Parmi les palmes se trouvaient
celles qui, huit jours auparavant, dans l'église de La Goulette, avaient entouré un glorieux catafalque, au service fu-
nèbre célébré à la mémoire du lieutenant Pol Boulhaut. Ce
n'est pas sans une vive émotion que le souvenir du jeune et
vaillant officier venait se joindre au souvenir des martyrs
de Carthage, de cette Carthage où, l'an dernier, il tenait gar-
nison et où il s'était rendu cher à ses compagnons d'armes.

A l'entrée de la Chapelle était exposée la pierre tombale
primitive de sainte Perpétue, découverte en septembre dernier, au lieu de sa sepulture et au fond d'un puits dans les
ruines de la *Basilica Majorum*. C'est une dalle de calcaire gris
sur laquelle on lit ces simples mots :

PERPETVE-FILIE

DVLCISSIMAE

HAUTEUR DES LETTRES : 28 MILLIMÈTRES.

De ces trois mots, les deux premiers offrent une forme irrégulière de datif qui n'est pas rare dans les inscriptions africaines (1). L'épitaphe peut donc se traduire ainsi :

A Perpétue, fille bien-aimée.

Le style et la dimension des lettres qui n'atteignent pas trois centimètres de hauteur conviennent bien au début du III siècle. La brièveté de l'inscription concorde également avec d'autres monuments épigraphiques de cette époque. L'illustre de Rossi, dans ses belles études sur les catacombes de Rome, regarde les deux mots FILIA DVLCISSIMA, dans les épitaphes chrétiennes, comme une des plus anciennes formules : *formola antichissima,* dit-il, *nell' epigrafia cristiana.*

La région primitive du cimetière de Domitille en a offert un exemple dans l'épitaphe de sainte Pétronille : AVRE· LIAE · PETRONILLAE · FIL· DVLCISSIMAE.

Ce qualificatif convenait bien à sainte Perpétue, qui de son vivant avait uni à la distinction de la patricienne une grande amabilité de caractère. « Vous savez, dit-elle à Saturus dans la vision céleste de ce dernier, combien j'étais naturellement gaie et d'une humeur enjouée, lorsque j'étais dans le monde ; mais maintenant c'est tout autre chose et je me sens un fond de joie que je ne puis exprimer ». (*Petits Bollandistes,* T. III, p. 226).

De plus, la rareté du nom de Perpétue à Carthage, le lieu et les circonstances dans lesquelles la découverte a été faite à deux pas du tombeau de la Sainte dans la *Confession* de la *basilica Majorum,* l'épitaphe d'une VIBIA trouvée dans l'*area* de la même basilique, me semblent plaider en faveur de ma conclusion. (2)

L'intéressante dalle funéraire avait pour support deux

---

(1) Cf. Aug. Audollent. *De l'orthographe des lapicides carthaginois,* Paris 1898, p. 222.

(2) M. Marucchi croit qu'il s'agit plutôt d'une chrétienne du nom de Perpétue qui aurait été inhumée près du tombeau de sa patronne et protectrice spéciale. (*Nuovo Bulletino di Archeologia Cristiana,* Anno XIII, n° 4, pp. 333-334).

curieux monuments exhumés des ruines mêmes de l'Amphithéâtre. C'est d'abord une colonne de marbre sur laquelle un bestiaire heureusement échappé à la dent des bêtes a voulu perpétuer l'expression de sa joie en gravant le mot EVASI. L'autre est une dalle de calcaire gris, assez grossière. La face supérieure porte gravée au centre une croix et en avant de la croix, près du bord, une petite excavation

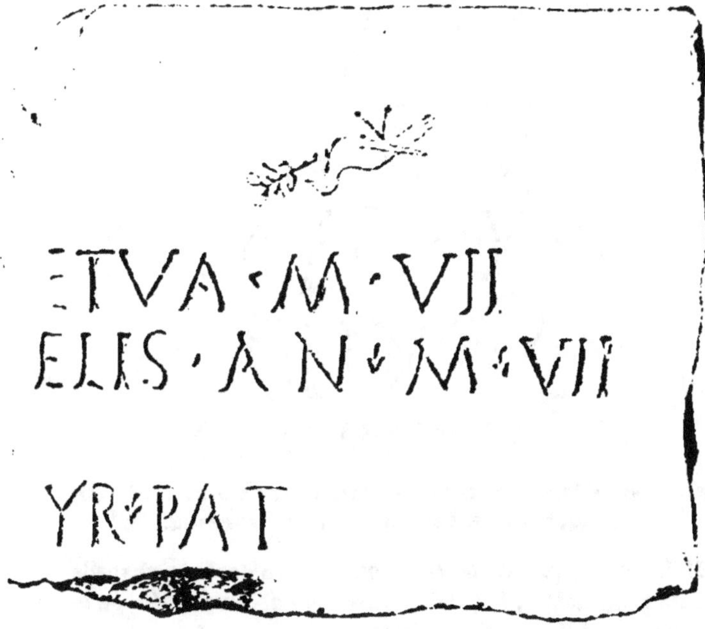

Basilica Majorum — PORTION D'UNE INSCRIPTION QUI PORTAIT A LA PREMIÈRE LIGNE LE NOM DE *Perpetua*, ET A LA DERNIÈRE LE MOT *Martyr*.

demi-sphérique. On dirait une pierre d'autel, avec le sépulcre pour les reliques. N'aurait-elle pas servi à quelque prêtre captif des Musulmans, tel qu'un Vincent de Paul, un Père Caroni (1) ou un des religieux qui si souvent vinrent à La

___

(1) Le P. Caroni, Barnabite de Milan. En 1801, pris par les pirates tunisiens dans les eaux de Naples où il était allé prêcher, il fut délivré par les bons soins de M. Devoize, consul général de France. Le P. Ca-

Goulette et à Tunis pour racheter les chrétiens de l'esclavage,
n'aurait-elle pas servi à offrir le saint sacrifice sur l'emplace-
ment de cet amphithéâtre, témoin de tant d'héroïsme et
tant de fois arrosé du sang des martyrs !

FRAGMENT D'ÉPITAPHE D'UNE ROMAINE DE LA *Gens Vibia* (1)
A LAQUELLE APPARTENAIT SAINTE PERPÉTUE.

Maintenant, quand une cérémonie a lieu dans la chapelle
de l'Amphithéâtre, la petite excavation accompagnée de la
croix remplit l'office de bénitier.

roni était un archéologue, et M. Devoise, en informant Talleyrand de sa
mise en liberté, lui disait que le P. Caroni avait pu visiter Carthage et
s'y livrer aux observations et aux recherches conformes à son goût et à
ses talents.

(1) La *Gens Vibia* était depuis longtemps représentée en Afrique. Parmi
nos plus anciennes inscriptions de Carthage, se lisent les noms de plusieurs personnages de cette famille. Le plus illustre est *C. Vibius Pansa*,
qui fut Consul l'an 43 avant notre ère. Nous avons trouvé son nom écrit
à l'encre rouge sur une amphore à vin. Un autre membre de la *Gens
Vibia* établi à Carthage s'appelait MARTIALIS. Dans un des plus an-
ciens cimetières romains de Carthage, j'ai découvert l'épitaphe d'un de
ses esclaves et celle d'une de ses servantes (*ancilla*). V les cimetières romains superposés de Carthage, pp. 6 et 10.

1.

Pour la fête des 7 et 8 mars, cette curieuse dalle, laissant la croix apparente, servait en outre de support à l'épitaphe primitive de sainte Perpétue. On pouvait voir aussi, exposées entre les nombreuses palmes et sous les tentures rouges, contre les murs vingt fois séculaires de la chapelle souterraine

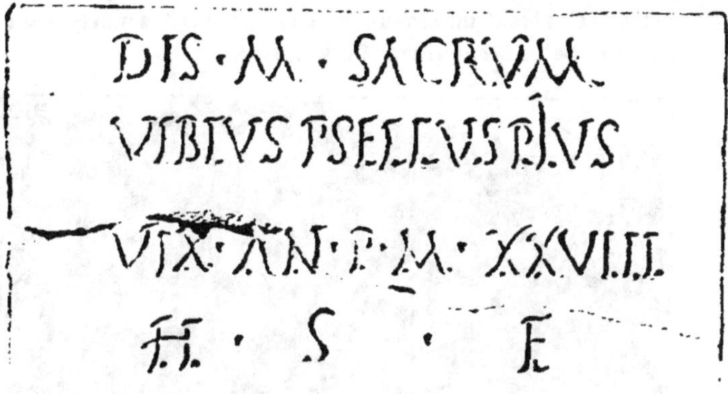

ÉPITAPHE D'UN ROMAIN DE LA *Gens Vibia*, A LAQUELLE APPARTENAIT SAINTE PERPÉTUE.

les autres principales pièces exhumées par les fouilles de l'an dernier dans les ruines de la *basilica majorum*. C'est dans cette église, comme nous le savons par le témoignage de Victor de Vite, que les corps de nos chères saintes reposèrent dans la paix du Christ, *ubi corpora sanctarum Perpetuæ atque Felicitatis sepulta sunt* (Hist. Pers. Vand. L. I, III).

Ici, une peinture, due au talent précoce d'un jeune artiste, représentait les ruines de la *Confession* ou chapelle centrale et souterraine de la basilique de nos martyrs.

Là, plusieurs dessins encadrés reproduisaient la vue, le plan et des coupes de ce sanctuaire, puis, ce qui est particulièrement saisissant, les nombreux morceaux réunis (ils sont aujourd'hui trente-cinq) qui ont servi à reconstituer l'inscription des martyrs :

HIC · SVNT · MARTYRES.
SATVRVS · SATVRNINVS.
REBOCATVS · SECVNDVLVS.
FELICIT. PERPET. PAS. NON. MART.

*Ici sont les martyrs Saturus, Saturninus, Revocatus, Secun-
dulus, Félicité, Perpétue, qui ont souffert le jour des nones de
mars (7 mars).*

Une cinquième ligne renfermait un ou plusieurs noms. On
reconnait celui de MAIVLVS, sans doute un des personnages qui élevèrent un monument en l'honneur des martyrs sur
leur tombe et firent graver l'inscription.

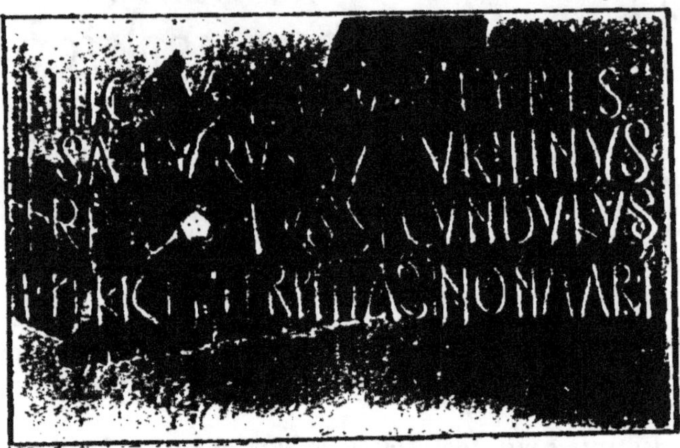

L'INSCRIPTION DES MARTYRS RECONSTITUÉE.

C'est au milieu de ces éloquents souvenirs de l'antiquité
chrétienne et spécialement des martyrs de Carthage que, le
7 mars, plusieurs messes furent célébrées dans la chapelle
souterraine. Mgr l'Archevêque, qui ne manque jamais de
faire en cette fête son pèlerinage à l'Amphithéâtre, vint y
offrir le saint sacrifice.

Malgré son état de fatigue, malgré les préoccupations de
la lourde charge dont il venait d'être honoré par le Souve-
rain Pontife et dont il gardait encore le secret, le zélé prélat
avait tenu à venir satisfaire sa dévotion envers sainte Perpétue et sainte Félicité au lieu de leur triomphe.

Les pieux fidèles qui remplissaient la chapelle furent
frappés par l'expression de fatigue et de soucis qui se lisait

sur les traits de leur premier Pasteur. Ce jour-là même, la nouvelle de la nomination du vénérable Primat d'Afrique comme Administrateur apostolique du diocèse d'Alger arrivait à l'Archevêché de cette ville et de là se répandait dans le monde par les multiples voix de la presse. C'est ainsi

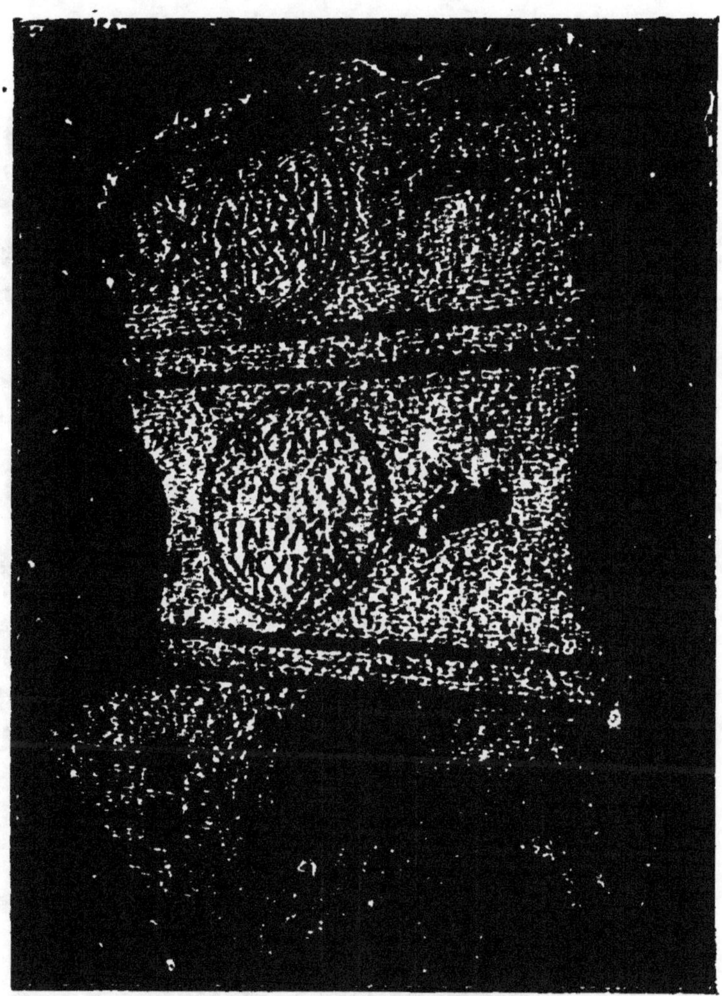

La *Basilica Majorum* — Mosaïques funéraires

La Basilica Majorum. — Tombra de la Confession.

qu'elle fut connue à Tunis et à Carthage. Sainte Perpétue et sainte Félicité ne manqueront pas de bénir Mgr l'Archevêque dans sa haute mission à la tête des deux vastes diocèses de Carthage et d'Alger. Que nos glorieux saints de l'illustre Eglise d'Afrique le protègent et le conservent longtemps ! *Ad multos annos !*

La chapelle était pleine et presque tous ceux qui composaient la pieuse assistance s'approchèrent de la sainte table. On prie toujours avec une douce émotion dans ce sanctuaire souterrain dont l'aspect et les souvenirs d'héroïsme chrétien qui s'y attachent, laissent l'impression d'une chapelle des catacombes.

La cérémonie se termina par la bénédiction du Très Saint-Sacrement. Le *Magnificat*, chanté de tout cœur en action de grâces, vint unir la Reine des martyrs au triomphe des saints de l'Amphithéâtre.

Tout le monde éprouvait une pieuse joie. Mais, en ce samedi et en cette fête de sainte Perpétue et de sainte Félicité, la Sainte Vierge me réservait une agréable surprise qui allait mettre le comble à ma joie.

Un de mes confrères, très dévot à Marie et à nos chères saintes, avait été empêché par son état de santé de faire son pèlerinage à l'Amphithéâtre. A mon retour à Saint-Louis, je savais lui faire grand plaisir en lui communiquant les détails de la matinée. J'avais en main un télégramme que je venais de recevoir d'un vénérable prêtre de Toulouse que des liens particuliers attachent à l'Eglise de Carthage et qui n'oublie aucune de nos belles fêtes africaines. Je venais aussi de recevoir un mot aimable d'un prêtre d'Algérie, me parlant de nos chères saintes de l'Amphithéâtre et en même temps d'un sceau byzantin avec l'invocation à la Mère de Dieu, acheté par lui à Souk-Ahras. Me parler d'un plomb marial, en même temps que de sainte Perpétue et de sainte Félicité, était bien fait pour me plaire.

Au moment où je faisais part de tout cela à notre confrère malade, on vient m'avertir qu'un Arabe porteur de vieilles monnaies me demande. Aussitôt une pensée me traverse

Amphithéâtre de Carthage. — Intérieur de la chapelle souterraine

l'esprit et je dis : « S'il m'apportait un plomb de la Sainte Vierge, ce serait le comble ! »

Je me rends vers l'Arabe et quelle n'est pas ma surprise de trouver entre ses mains, avec des pièces antiques frustes, un débris de statuette de la Sainte Vierge datant du ıv⁰ du v⁰ siècle (1) et un très beau plomb byzantin du vı⁰ le, portant en toutes lettres et en trois lignes, surmontée de la croix, une invocation à Marie ΘΕΟΤΟΚΕΒΟΗΘΕΙ (Mère de Dieu, secours...) suivie d'un nom au revers, avec le titre d'ex-préfet ΑΠΟΕΠΑΡΧΩΝ.

L'achat, malgré les exigences de l'Arabe, fut assez vite conclu. L'important pour moi était de pouvoir enregistrer la découverte de ce plomb marial et j'étais particulièrement heureux que cette bonne occasion me fût offerte en ce jour de la fête de nos glorieuses martyres de Carthage. Il me semblait que sainte Perpétue et sainte Félicité s'étaient jointes à la très sainte Vierge pour me l'envoyer.

Fidèle à la pratique d'honorer chaque semaine une image particulière de Marie (2), le samedi 7 mars en la fête de nos chères saintes de Carthage, je terminais ma semaine de Notre-Dame de la Médaille Miraculeuse, dont l'image, exposée sur ma table de travail, devait, le soir, céder la place à Notre-Dame des Victoires. J'avais invoqué bien des fois Notre-Dame de la Médaille Miraculeuse. Aussi je remerciai la Sainte Vierge du sceau byzantin, que je pouvais considérer comme une médaille antique, nouveau document prouvant l'intensité de son culte en Afrique ; mais je la remerciai encore de l'heureux concours de circonstances qui avait accompagné cette acquisition. Que Marie en soit éternellement louée ! La reconnaissance m'impose, ce me semble, le devoir d'écrire ces lignes à sa gloire.

Que durant cette année jubilaire de Notre-Dame de Lourdes, Marie Immaculée soit particulièrement connue, honorée, servie et invoquée !

---

(1) Cf. *Le culte de la Sainte Vierge en Afrique*, pp. 45-50.
(2) Œuvre fondée à Lyon sous le nom d'*Œuvre des Pèlerinages spirituels en l'honneur des principales Madones de France et de l'étranger.*

La Sainte Vierge m'avait déjà envoyé un sceau byzantin,
le 11 février, en la fête de l'Apparition de Notre-Dame de
Lourdes. Ce jour-là, je regrettais de ne pouvoir consacrer

AMPHITHÉÂTRE DE CARTHAGE. — PIEDS VOTIFS EN BRONZE
TROUVÉS DANS LES FOUILLES. — CES PIEDS ÉTAIENT ENCAS-
TRÉS DANS UNE DALLE EN MARBRE.

mes heures de travail à une étude mariale. Un savant russe
était venu me voir et désirait examiner nos monnaies. Je lui
présentai un lot de pièces du moyen âge et c'est dans ce lot

qu'il reconnut une petite monnaie de la ville de Sienne en Toscane, avec l'inscription : CIVITAS - VIRG*inis, Cité de la Sainte Vierge.* Le lendemain, j'en déterminais encore deux autres de la même frappe. Le 11 février avait donc été aussi marqué par une découverte mariale. Mais, au fond du cœur, j'avais désiré un plomb de bulle.

Quelle ne fut pas ma surprise lorsque, à la tombée de la nuit, un Arabe vint m'en offrir un ! Mais ma joie ne fut pas complète, car, si le sceau était chrétien, comme tous les sceaux byzantins, il ne portait aucun signe particulier de dévotion à Marie. Le premier plomb marial de l'année m'a-vait donc été réservé pour ce samedi 7 mars, anniversaire du martyre de sainte Perpétue et de sainte Félicité et der-nier jour de ma semaine de la Médaille Miraculeuse.

Ces monuments archéologiques inédits viennent s'ajouter à ceux que j'ai eu la joie de recueillir depuis l'impression de mon livre sur le *Culte de la Sainte Vierge en Afrique,* achevé dans les premiers mois de l'année dernière. Les nouvelles découvertes mariales qui, pour la troisième fois depuis le Congrès de Rome de 1904, ont surtout marqué le mois d'oc-tobre d'une façon surprenante, occupent leur place chrono-logique dans mon *Journal Marial.* Je compte les publier un jour, en les accompagnant de dessins, de descriptions et de commentaires. L'antiquité et l'intensité du culte de la Sainte Vierge en Afrique en ressortiront toujours avec plus de lumière. Elles ne peuvent plus, d'ailleurs, même pour les esprits les plus réfractaires à la vérité, faire l'objet du moin-dre doute.

**

Mais revenons à la fête de nos saintes martyres. Le di-manche 8 mars, jour de la cérémonie populaire devenue traditionnelle, une messe fut célébrée à l'Amphithéâtre dans la matinée et j'eus la grande satisfaction d'y voir, malgré l'incertitude du temps, plus de monde que de coutume.

Le pèlerinage, qui chaque année attire dans l'arène le clergé de Tunis et des paroisses voisines de Carthage avec de nombreux fidèles, devait avoir lieu dans l'après-midi. Le

programme comportait une procession de la gare à l'amphithéâtre, l'exécution de morceaux de musique choisis, une
allocution de circonstance et la bénédiction du très Saint
Sacrement. Pour cette cérémonie, la toilette du tertre qui
porté une colonne surmontée de la croix au centre de l'Amphithéâtre, avait été particuliculièrement soignée. Un pa-
lier formé de chapiteaux antiques y avait été établi pour
le prédicateur, et le monticule lui-même avait été recouvert
d'une couche de cette terre noirâtre et rougeâtre, extraite
de l'arène, et que l'on dirait encore imprégnée du sang dont
elle fut jadis abondamment noyée. Tout se préparait pour
la fête quand le temps se gâta complètement.

Les Arabes voient toujours arriver avec joie la fête de
sainte Perpétue, car, disent-ils, elle leur amène de la pluie et
l'on sait combien, en Afrique, la pluie est un bienfait ap-
précié des agriculteurs. Il est d'ailleurs des chrétiens qui in-
voquent nos martyrs pour obtenir la fin de la sécheresse.

Cette année, les Arabes de Carthage durent être satisfaits,
car la pluie tomba en abondance. Elle tomba tellement que,
pour la première fois depuis que la fête populaire se fait
le dimanche, elle ne pouvait avoir lieu à l'Amphithéâtre
dans ce cadre qui lui convient si bien. Il fallut y renoncer.
Mgr l'Archevêque, consulté, décida qu'elle se ferait dans la
Primatiale. Là, du moins, on serait à l'abri.

Les fidèles de Tunis et des environs de Carthage qui
avaient eu le courage de braver le mauvais temps n'eurent
pas à regretter leur pèlerinage. Dans notre belle église la
fête se déroula avec la majesté des offices pontificaux.

Les chants furent exécutés avec beaucoup d'entrain par
la *schola* des Pères Blancs. Le morceau de circonstance : *Les
martyrs aux arènes*, exécuté avec un ensemble admirable, fit
passer un frisson dans l'assistance vivement impressionnée.
Il me semble entendre encore retentir à mes oreilles ces
paroles des gladiateurs mises sur les lèvres des martyrs:
César, ceux qui vont mourir te saluent !

L'auditoire était sous cette impression, lorsque M. le cha-
noine Delmon, aumônier de l'hôpital français de Tunis,

monta en chaire. Dans un langage imagé, il résuma les principales découvertes qui, l'an dernier, suivirent de près la célébration de la fête de nos chères saintes : le lieu de leur sépulture, les ruines de leur basilique et sa chapelle centrale, l'épitaphe primitive de Perpétue, et enfin le précieux texte qui la nomme une seconde fois avec le titre de martyre, en compagnie de sainte Félicité et de leurs quatre compagnons de victoire.

L'orateur, en termes vigoureux, fit ensuite le récit de leurs souffrances et chanta leur triomphe, laissant aux méditations de ses auditeurs attentifs et recueillis ces belles paroles de sainte Perpétue : « Soyez fermes dans la foi, et aimez-vous tous les uns les autres » (1).

L'hymne de l'office propre suivit la bénédiction de Mgr l'Archevêque et précéda le salut solennel.

Ainsi se termina heureusement, malgré le mauvais temps, cette très touchante fête.

Gloire et action de grâces à Marie Immaculée, à Perpétue et à Félicité, à ces glorieuses saintes et à leurs compagnons, dont l'église de Carthage a le droit de se montrer fière !

---

(1) *In fide state, et invicem omnes diligite.*

Lyon — Imp. J. PONCET, rue Fr.-Dauphin, 15

www.ingramcontent.com/pod-product-compliance
Lightning Source LLC
Chambersburg PA
CBHW061854060726
47597CB00008B/3665